기초부터 차근차근 단계별 한글공부

한글 쓰기와 깨치기 ⑤

겹받침 익히기 / 주제별 낱말 익히기 / 어려운 받침 있는 낱말 익히기

차 례

ㄲ겹 받침 익히기 ……… 5
낚, 닦, 묶 익히기

ㄳ겹 받침 익히기 ……… 9
넋, 몫, 삯 익히기

ㄵ겹 받침 익히기 …… 12
앉, 얹 익히기

ㄶ겹 받침 익히기 …… 14
많, 않 익히기

ㄺ겹 받침 익히기 …… 16
읽, 맑, 늙 익히기

ㄾ ㄿ 겹 받침 익히기 … 21
핥, 훑, 읊 익히기

ㅄ겹 받침 익히기 …… 22
값, 없 익히기

ㄻ겹 받침 익히기 …… 23
젊, 닮, 굶 익히기

ㄼ겹 받침 익히기 …… 26
곪, 삶, 옮 익히기

ㄽ겹 받침 익히기 …… 27

넓, 밟, 짧 익히기

ㅀ겹 받침 익히기 …… 30
끓, 잃, 뚫 익히기

ㅐ겹 홀소리 익히기 … 34
낱말 익히기

ㅔ겹 홀소리 익히기 … 36
낱말 익히기

ㅒ겹 홀소리 익히기 … 38

ㅖ겹 홀소리 익히기 … 39
낱말 익히기

ㅘ겹 홀소리 익히기 … 41
낱말 익히기

ㅙ겹 홀소리 익히기 … 44

ㅚ겹 홀소리 익히기 … 45
낱말 익히기

ㅝ겹 홀소리 익히기 … 47
낱말 익히기

ㅟ겹 홀소리 익히기 … 50
낱말 익히기

ㅞ겹 홀소리 익히기 …52
낱말 익히기

ㅢ겹 홀소리 익히기 …54
낱말 익히기

주제별 낱말익히기

소리를 나타내는 낱말 56
모양을 나타내는 낱말 60
색깔을 나타내는 낱말 64
반대말을 나타내는 낱말 69
타는 것을 나타내는 낱말 75
몸의 신체를 나타내는 낱말 80
도구를 나타내는 낱말 85
운동을 나타내는 낱말 90
직업을 나타내는 낱말 93
높임말을 나타내는 낱말 96

합성어 익히기 ……… 100

방향 익히기 ………… 102

문제풀이 …………… 104

글자의 짜임 알기

ㄲ 겹 받침 익히기

○ 글자의 짜임을 알아보고, 큰 소리로 읽으며 바르게 써 보세요.

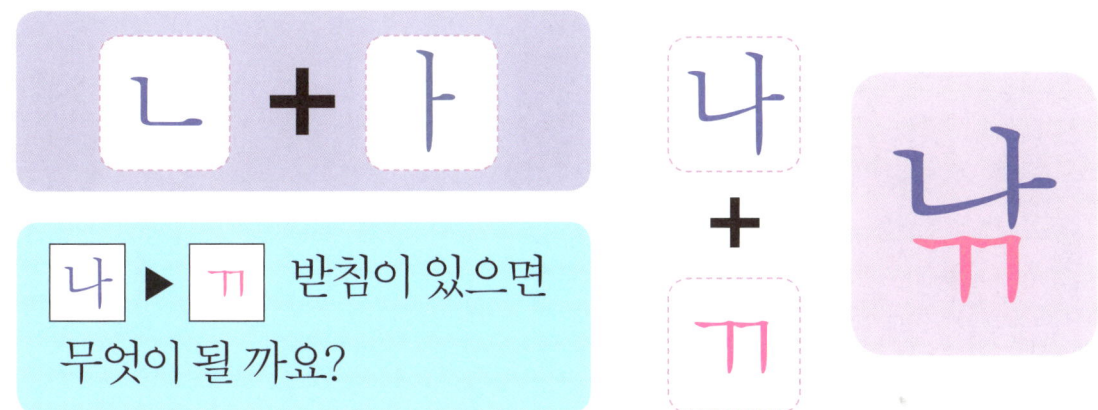

낚	낚	낚	낚	낚	낚
낚	낚	낚	낚	낚	낚

고기를 낚다.

고기를 낚다.

글자의 짜임 알기

ㄲ 겹 받침 익히기

● 글자의 짜임을 알아보고, 큰 소리로 읽으며 바르게 써 보세요.

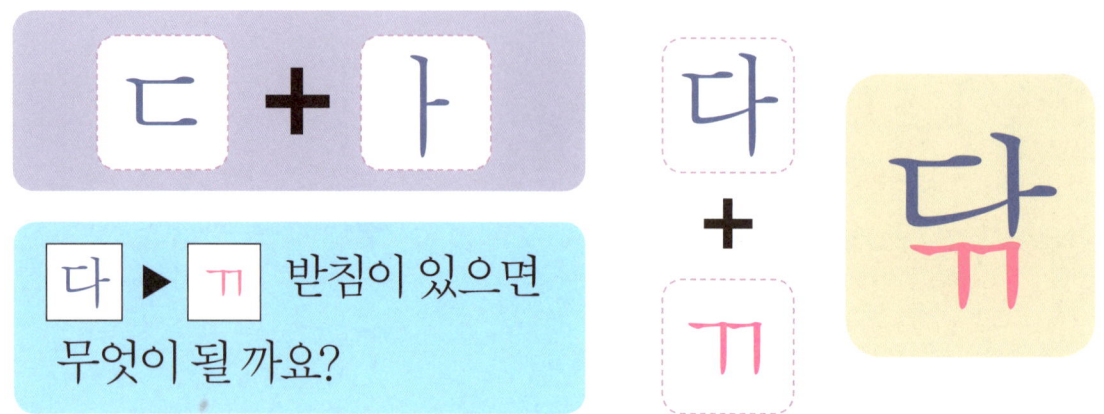

닦	닦	닦	닦	닦	닦
닦	닦	닦	닦	닦	닦

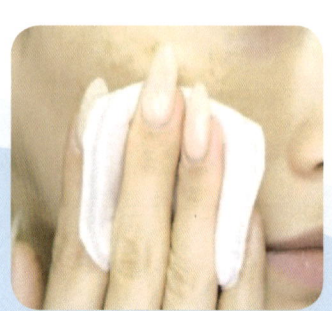

얼굴을 닦다.

얼굴을 닦다.

글자의 짜임 알기

ㄲ 겹 받침 익히기

○ 글자의 짜임을 알아보고, 큰 소리로 읽으며 바르게 써 보세요.

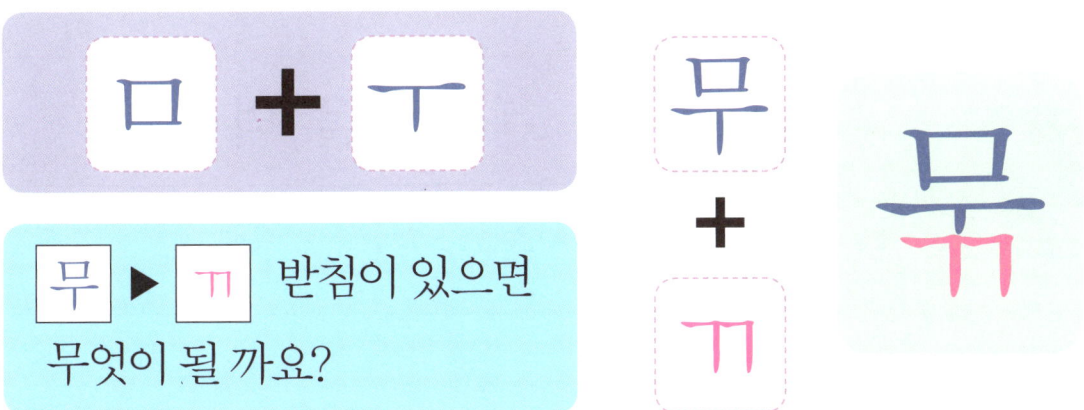

묶	묶	묶	묶	묶	묶
묶	묶	묶	묶	묶	묶

머리를 예쁘게 묶다.

머리를 예쁘게 묶다.

글자의 짜임 알기

1 받침 익히기

○ 글자의 짜임을 알아보고, 큰 소리로 읽으며 바르게 써 보세요.

볶음밥을 먹다.
볶음밥을 먹다.

이를 깨끗이 닦다.
이를 깨끗이 닦다.

밥에 콩을 섞다.
밥에 콩을 섞다.

글자의 짜임 알기

ㄳ 겹 받침 익히기

○ 글자의 짜임을 알아보고, 낱말을 큰 소리로 읽으며 바르게 써 보세요.

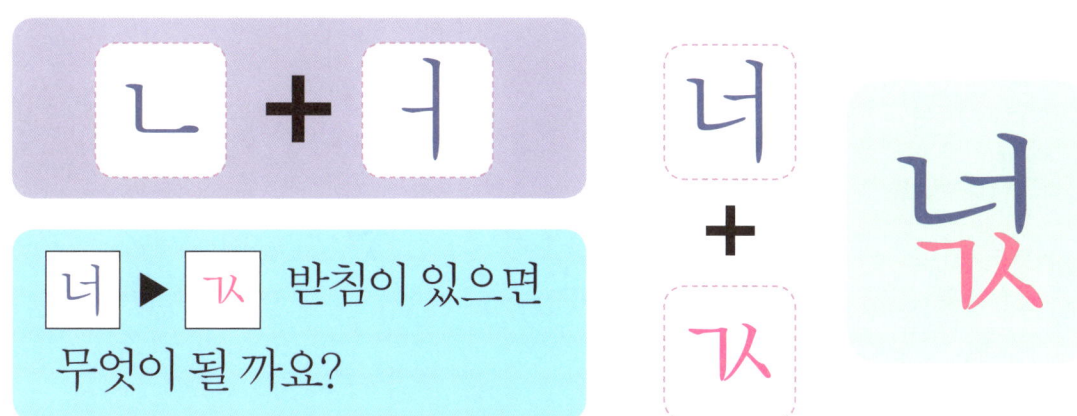

넋	넋	넋	넋	넋	넋
넋	넋	넋	넋	넋	넋

넋을 잃고 그림을 본다.

넋을 잃고 그림을 본다.

글자의 짜임 알기

ㄳ 겹 받침 익히기

○ 글자의 짜임을 알아보고, 큰 소리로 읽으며 바르게 써 보세요.

몫	몫	몫	몫	몫	몫
몫	몫	몫	몫	몫	몫

수박 반은 동생 몫이다.

수박 반은 동생 몫이다.

글자의 짜임 알기

ㄳ 겹 받침 익히기

○ 글자의 짜임을 알아보고, 큰 소리로 읽으며 바르게 써 보세요.

삯	삯	삯	삯	삯	삯
삯	삯	삯	삯	삯	삯

품삯을 받다.

품삯을 받다.

글자의 짜임 알기

ㄵ 겹 받침 익히기

● 글자의 짜임을 알아보고, 낱말을 큰 소리로 읽으며 바르게 써 보세요.

앉	앉	앉	앉	앉	앉
앉	앉	앉	앉	앉	앉

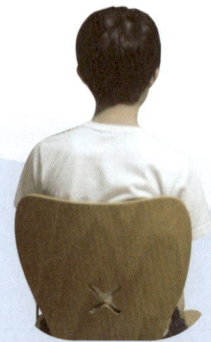

의자에 앉다.
의자에 앉다.

글자의 짜임 알기

ㄵ 겹 받침 익히기

○ 글자의 짜임을 알아보고, 큰 소리로 읽으며 바르게 써 보세요.

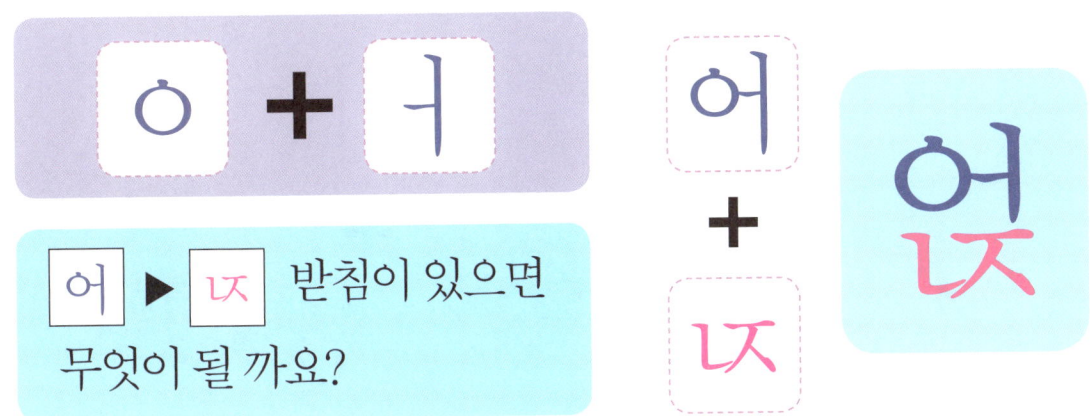

어 ▶ ㄵ 받침이 있으면 무엇이 될까요?

얹	얹	얹	얹	얹	얹
얹	얹	얹	얹	얹	얹

가슴에 손을 얹다.

가슴에 손을 얹다.

글자의 짜임 알기

ㄶ 겹 받침 익히기

○ 글자의 짜임을 알아보고, 큰 소리로 읽으며 바르게 써 보세요.

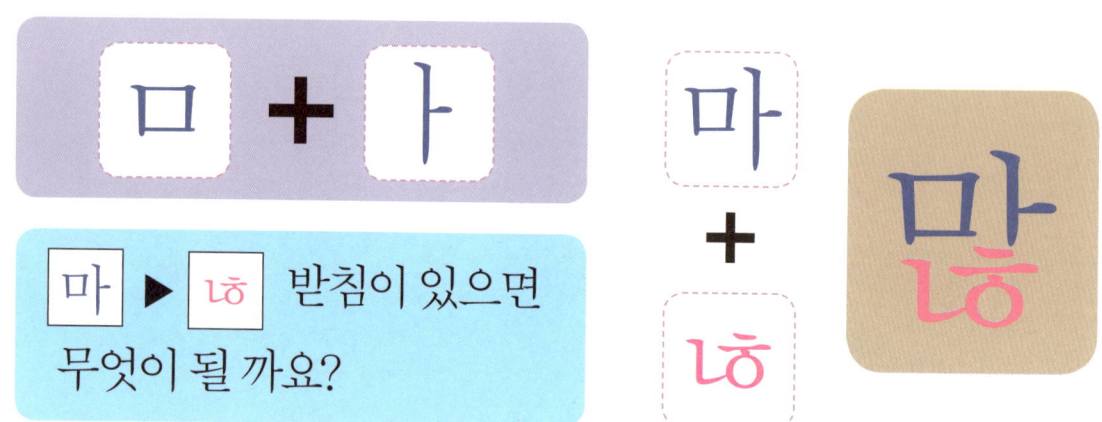

많	많	많	많	많	많
많	많	많	많	많	많

장난감이 많다.

장난감이 많다.

글자의 짜임 알기

ㄶ 겹 받침 익히기

○ 글자의 짜임을 알아보고, 낱말을 큰 소리로 읽으며 바르게 써 보세요.

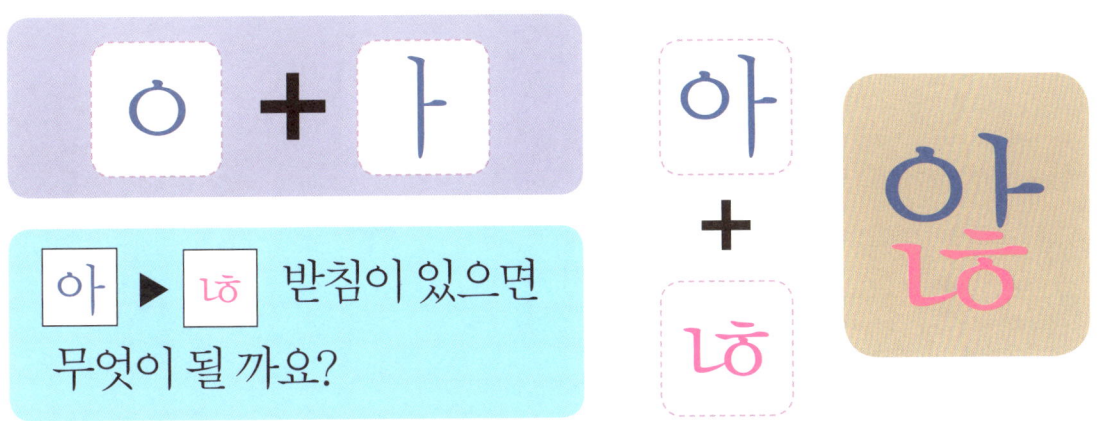

않	않	않	않	않	않
않	않	않	않	않	않

선생님은 보시지 않으셔도 됩니다.

선생님은 보시지 않으셔도 됩니다.

글자의 짜임 알기

ㄺ 겹 받침 익히기

● 글자의 짜임을 알아보고, 큰 소리로 읽으며 바르게 써 보세요.

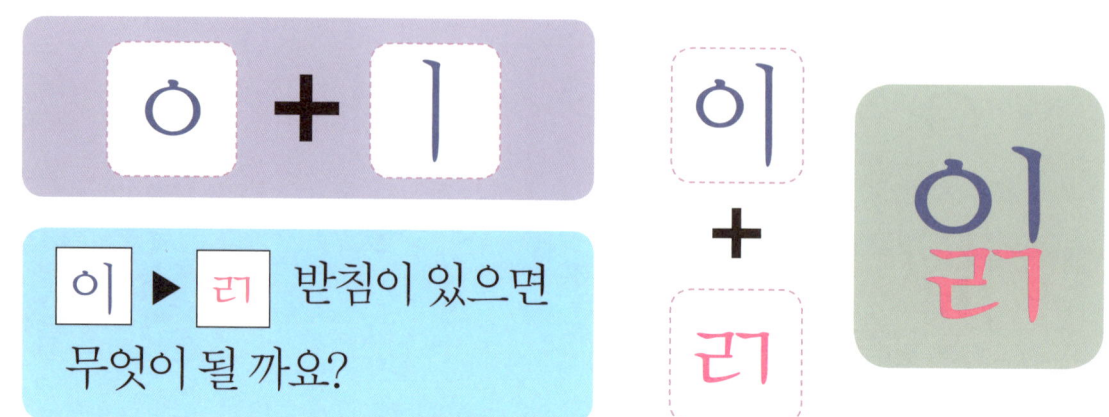

읽	읽	읽	읽	읽	읽
읽	읽	읽	읽	읽	읽

책을 읽다.

책을 읽다.

글자의 짜임 알기

ㄺ 겹 받침 익히기

○ 글자의 짜임을 알아보고, 큰 소리로 읽으며 바르게 써 보세요.

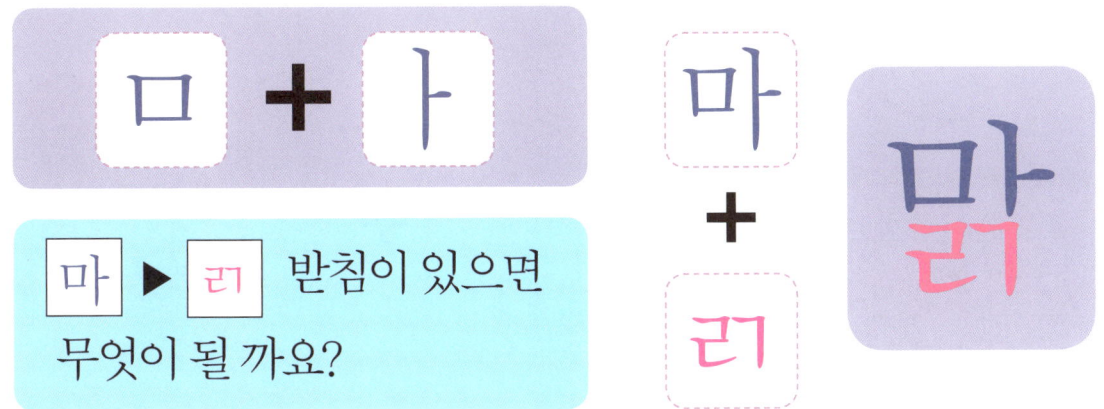

맑	맑	맑	맑	맑	맑
맑	맑	맑	맑	맑	맑

하늘이 맑다.

하늘이 맑다.

글자의 짜임 알기

27 겹 받침 익히기

○ 글자의 짜임을 알아보고, 낱말을 큰 소리로 읽으며 바르게 써 보세요.

늙 늙 늙 늙 늙 늙

늙 늙 늙 늙 늙 늙

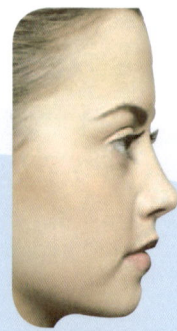

어릴 적 버릇은 늙어서까지 간다.

어릴 적 버릇은 늙어서까지 간다.

글자의 짜임 알기

ㄹㄱ 겹 받침 익히기

○ 글자의 짜임을 알아보고, 큰 소리로 읽으며 바르게 써 보세요.

밝

| 달이 밝다. |
| 달이 밝다. |
| |

붉

| 딸기처럼 붉다. |
| 딸기처럼 붉다. |
| |

굵

| 목소리가 굵다. |
| 목소리가 굵다. |
| |

글자의 짜임 알기

ㄾ 겹 받침 익히기

● 글자의 짜임을 알아보고, 큰 소리로 읽으며 바르게 써 보세요.

| 알사탕을 핥다. |
| 알사탕을 핥다. |
| |

| 크림을 핥다. |
| 크림을 핥다. |
| |

| 신문을 훑어 보다. |
| 신문을 훑어 보다. |
| |

글자의 짜임 알기

ㄾ ㄿ 겹 받침 익히기

● 글자의 짜임을 알아보고, 큰 소리로 읽으며 바르게 써 보세요.

책을 훑어 보다.

책을 훑어 보다.

벼 이삭을 훑다.

벼 이삭을 훑다.

동시를 읊다.

동시를 읊다.

글자의 짜임 알기

ㅄ 겹 받침 익히기

● 글자의 짜임을 알아보고, 큰 소리로 읽으며 바르게 써 보세요.

책값을 냅니다.

책값을 냅니다.

모두 책값으로 썼다.

모두 책값으로 썼다.

방 안에는 아무도 없다.

방 안에는 아무도 없다.

글자의 짜임 알기

20 겹 받침 익히기

○ 글자의 짜임을 알아보고, 큰 소리로 읽으며 바르게 써 보세요.

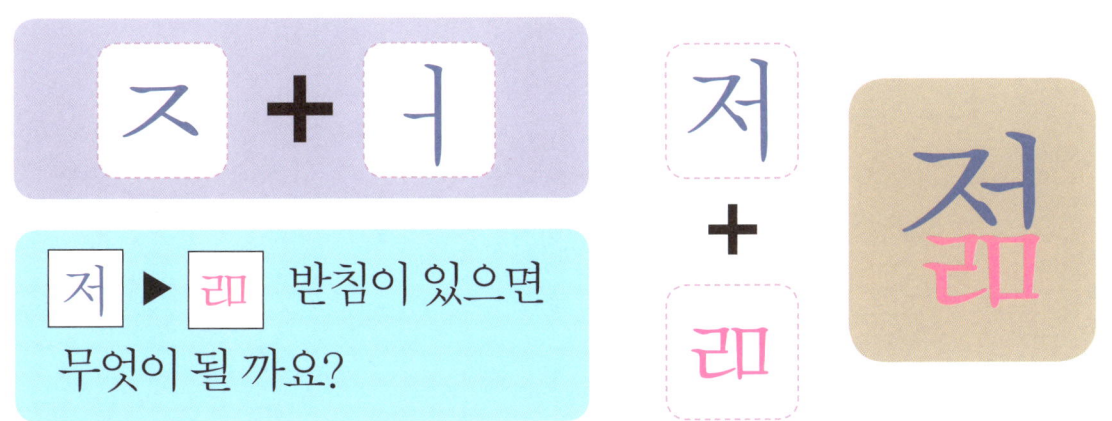

저 ▶ ㄻ 받침이 있으면 무엇이 될까요?

젊	젊	젊	젊	젊	젊
젊	젊	젊	젊	젊	젊

마음은 젊다.

마음은 젊다.

글자의 짜임 알기

20 겹 받침 익히기

● 글자의 짜임을 알아보고, 큰 소리로 읽으며 바르게 써 보세요.

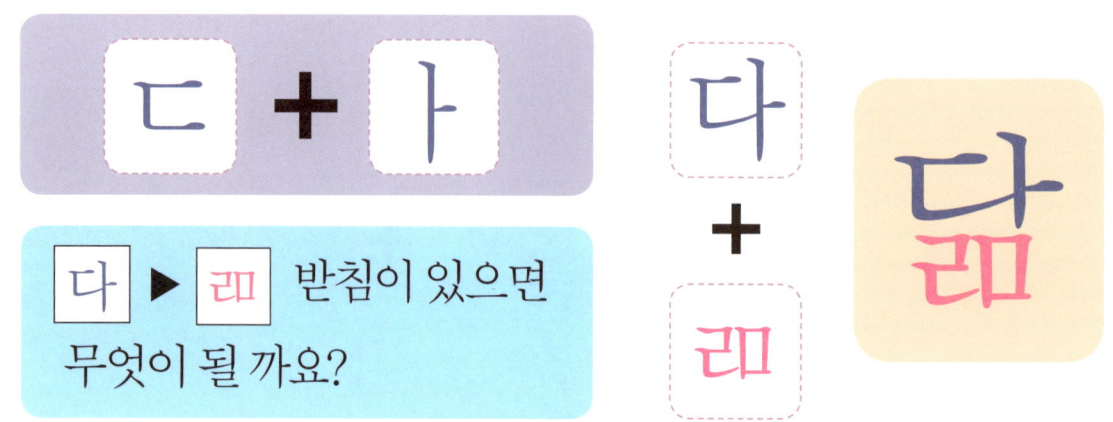

닮	닮	닮	닮	닮	닮
닮	닮	닮	닮	닮	닮

엄마를 닮다.

엄마를 닮다.

글자의 짜임 알기

20 겹 받침 익히기

○ 글자의 짜임을 알아보고, 큰 소리로 읽으며 바르게 써 보세요.

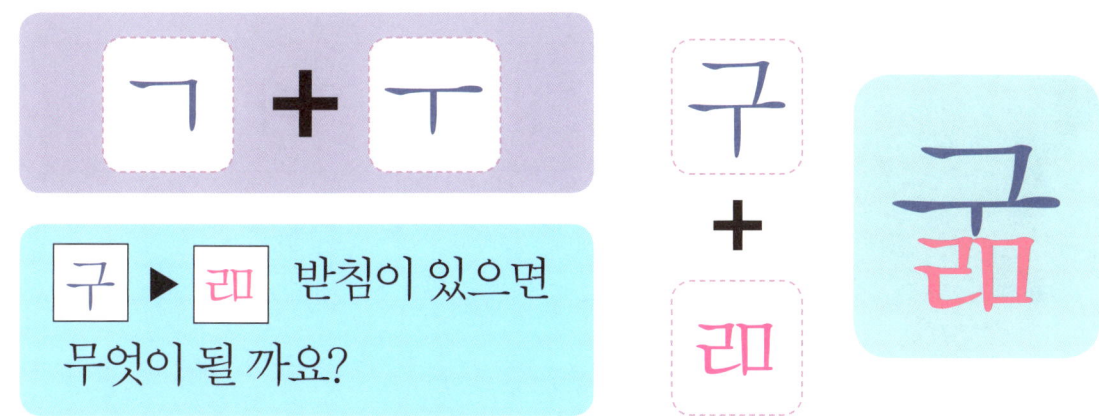

구 ▶ ㄼ 받침이 있으면 무엇이 될까요?

굶	굶	굶	굶	굶	굶
굶	굶	굶	굶	굶	굶

며칠 굶은 것 같다.

며칠 굶은 것 같다.

글자의 짜임 알기

20 겹 받침 익히기

● 글자의 짜임을 알아보고, 큰 소리로 읽으며 바르게 써 보세요.

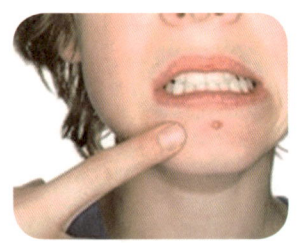

| 상처가 곪다. |
| 상처가 곪다. |
| |

| 달걀을 삶다. |
| 달걀을 삶다. |
| |

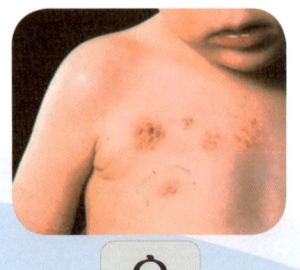

| 피부병이 옴다. |
| 피부병이 옴다. |
| |

글자의 짜임 알기

ㄼ 겹 받침 익히기

● 글자의 짜임을 알아보고, 큰 소리로 읽으며 바르게 써 보세요.

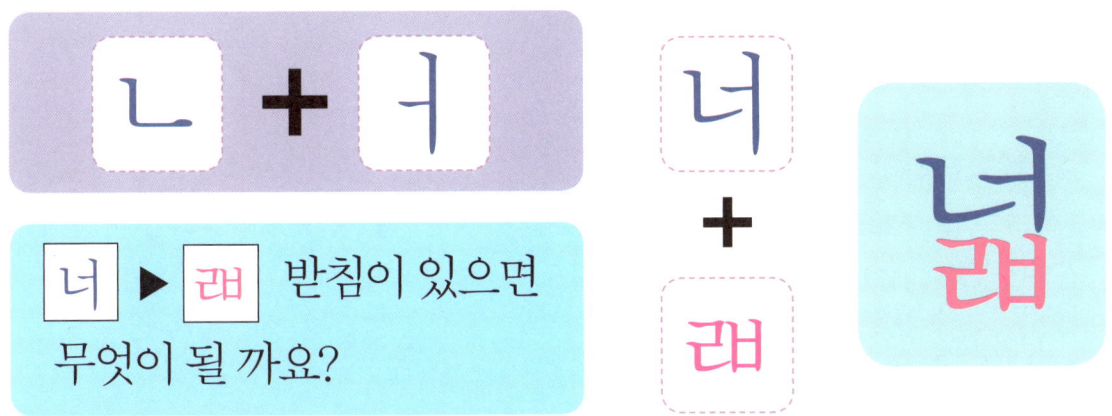

넓	넓	넓	넓	넓	넓
넓	넓	넓	넓	넓	넓

마음이 넓다.

마음이 넓다.

글자의 짜임 알기

ㄼ 겹 받침 익히기

● 글자의 짜임을 알아보고, 큰 소리로 읽으며 바르게 써 보세요.

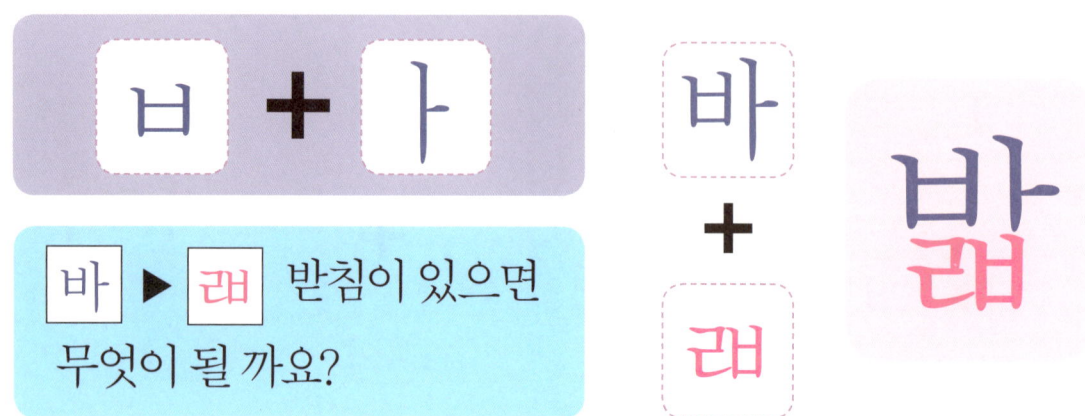

밟	밟	밟	밟	밟	밟
밟	밟	밟	밟	밟	밟

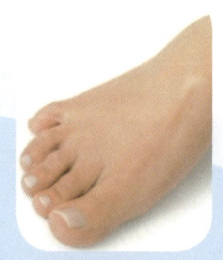

발을 밟다.

발을 밟다.

글자의 짜임 알기

ㄹㅂ 겹 받침 익히기

○ 글자의 짜임을 알아보고, 낱말을 큰 소리로 읽으며 바르게 써 보세요.

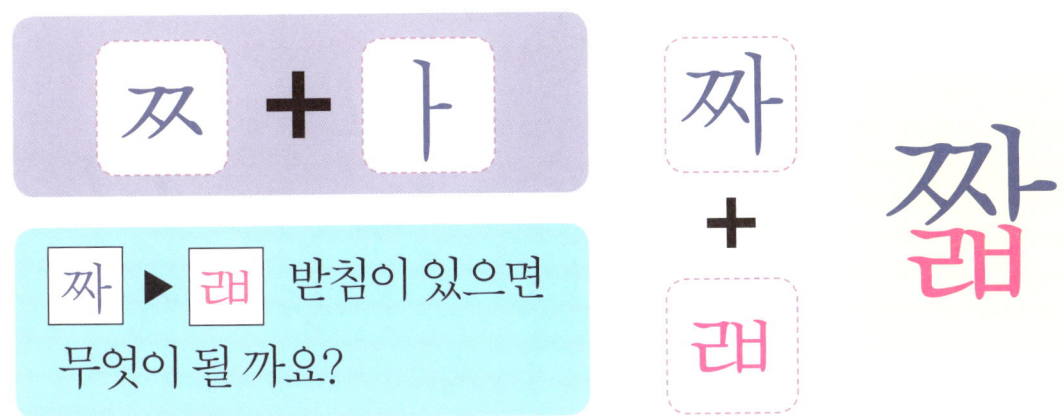

짜 ▶ ㄹㅂ 받침이 있으면 무엇이 될 까요?

짧	짧	짧	짧	짧	짧
짧	짧	짧	짧	짧	짧

바지의 기장이 짧다.

바지의 기장이 짧다.

글자의 짜임 알기

ㅀ 겹 받침 익히기

● 글자의 짜임을 알아보고, 큰 소리로 읽으며 바르게 써 보세요.

끓	끓	끓	끓	끓	끓
끓	끓	끓	끓	끓	끓

기름이 펄펄 끓다.

기름이 펄펄 끓다.

글자의 짜임 알기

ㅀ 겹 받침 익히기

○ 글자의 짜임을 알아보고, 낱말을 큰 소리로 읽으며 바르게 써 보세요.

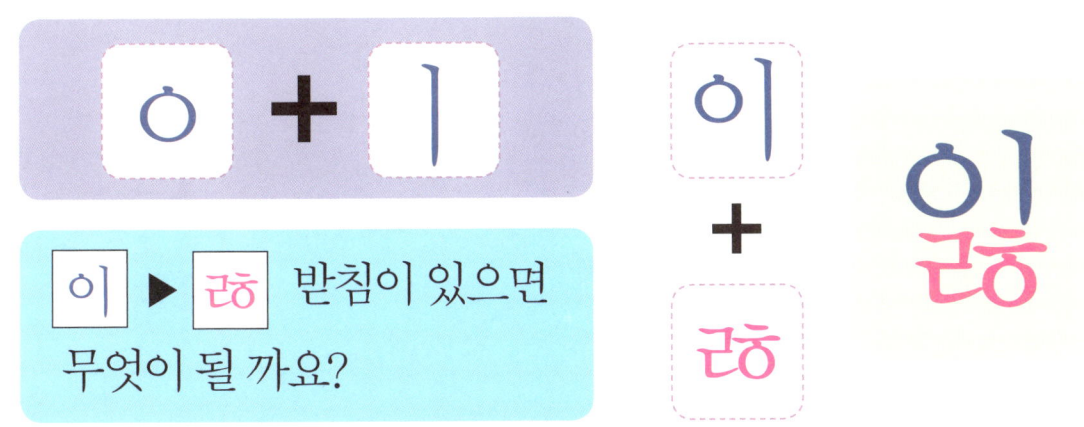

잃	잃	잃	잃	잃	잃
잃	잃	잃	잃	잃	잃

정신을 잃다.

정신을 잃다.

글자의 짜임 알기

ㅀ 겹 받침 익히기

● 글자의 짜임을 알아보고, 큰 소리로 읽으며 바르게 써 보세요.

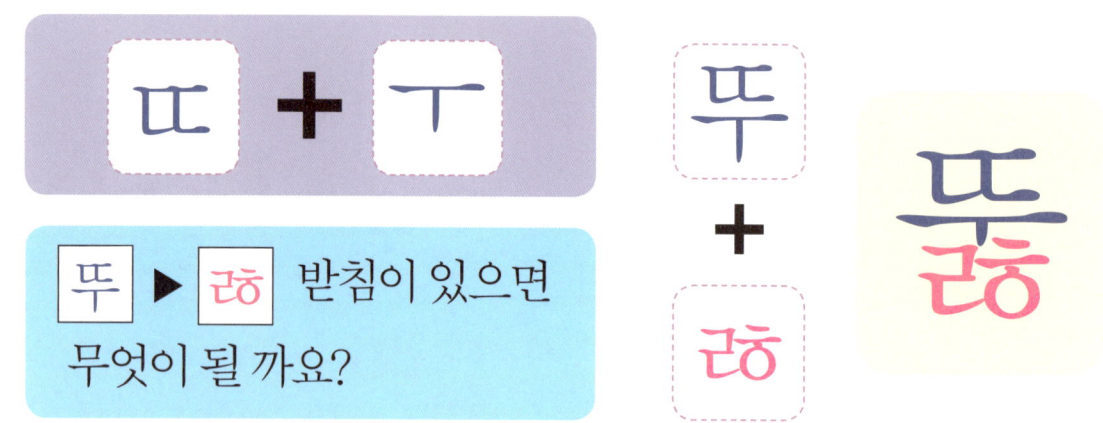

뚫	뚫	뚫	뚫	뚫	뚫
뚫	뚫	뚫	뚫	뚫	뚫

구멍을 뚫다.

구멍을 뚫다.

글자의 짜임 알기

ㄶ 겹 받침 익히기

○ 글자의 짜임을 알아보고, 낱말을 큰 소리로 읽으며 바르게 써 보세요.

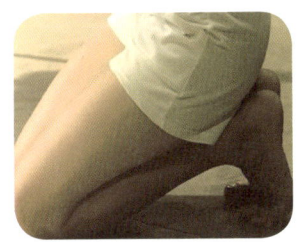

꿇

무릎을 꿇다.

무릎을 꿇다.

잃

초심을 잃다.

초심을 잃다.

잃

산중에서 길을 잃다.

산중에서 길을 잃다.

글자의 짜임 알기

ㅐ 겹 홀소리 익히기

○ 글자의 짜임을 알아보고, 큰 소리로 읽으며 바르게 써 보세요.

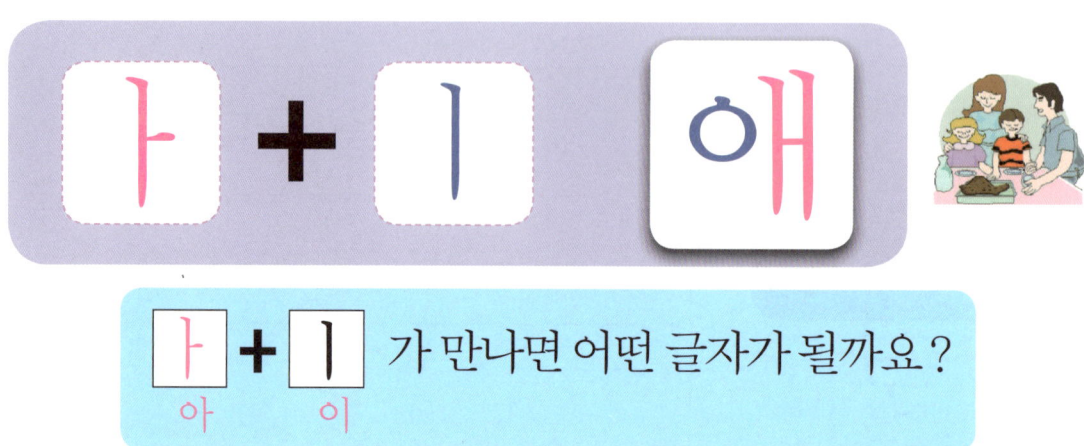

ㅏ + ㅣ 가 만나면 어떤 글자가 될까요?
아   이

애	애	애	애	애	애
애	애	애	애	애	애

매 미

해 바 라 기

낱말 익히기

○ 글자의 짜임을 알아보고, 낱말을 큰 소리로 읽으며 바르게 써 보세요.

새	우
새	우

개	미
개	미

배	추
배	추

글자의 짜임 알기

ㅔ 겹 홀소리 익히기

● 글자의 짜임을 알아보고, 큰 소리로 읽으며 바르게 써 보세요.

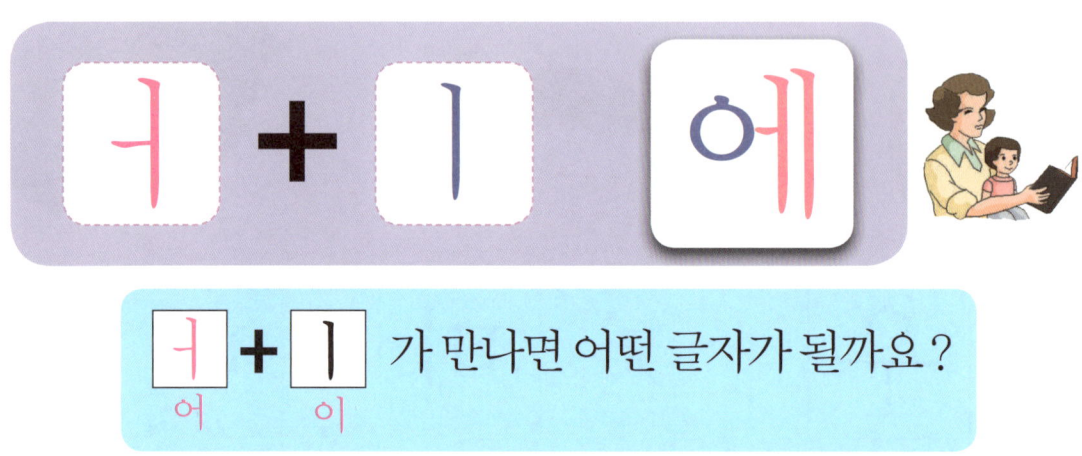

ㅓ + ㅣ 가 만나면 어떤 글자가 될까요?
어   이

에 에 에 에 에 에
에 에 에 에 에 에

나 그 네

마 요 네 즈

 낱말 익히기

○ 글자의 짜임을 알아보고, 낱말을 큰 소리로 읽으며 바르게 써 보세요.

(net)

(neon)

동네

네트

네온

글자의 짜임 알기

ㅐ 겹 홀소리 익히기

● 글자의 짜임을 알아보고, 큰 소리로 읽으며 바르게 써 보세요.

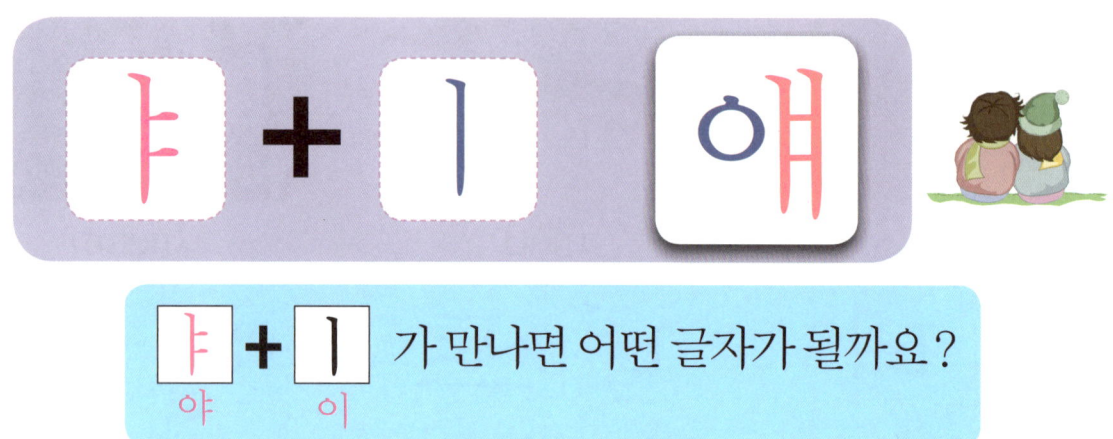

ㅑ + ㅣ 가 만나면 어떤 글자가 될까요?
야   이

애	애	애	애	애	애
애	애	애	애	애	애

애	기

애	들	아
애	들	아

글자의 짜임 알기

ㅖ 겹 홀소리 익히기

○ 글자의 짜임을 알아보고, 낱말을 큰 소리로 읽으며 바르게 써 보세요.

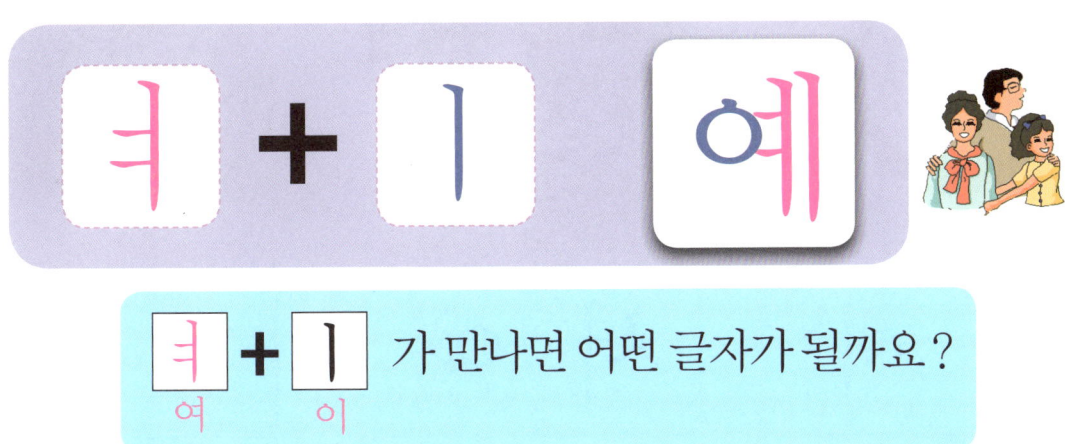

ㅕ + ㅣ 가 만나면 어떤 글자가 될까요?
여   이

예	예	예	예	예	예
예	예	예	예	예	예

계 산 기

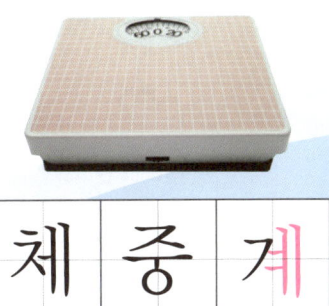

체 중 계

낱말 익히기

● 글자의 짜임을 알아보고, 낱말을 큰 소리로 읽으며 바르게 써 보세요.

시계 서예 계란

글자의 짜임 알기

ㅘ 겹 홀소리 익히기

● 글자의 짜임을 알아보고, 큰 소리로 읽으며 바르게 써 보세요.

ㅗ + ㅏ 가 만나면 어떤 글자가 될까요?
오   아

와	와	와	와	와	와
와	와	와	와	와	와

와 이 셔 츠

동 화 마 을

낱말 익히기

○ 글자의 짜임을 알아보고, 낱말을 큰 소리로 읽으며 바르게 써 보세요.

사 과

사 과

화 가

화 가

군 화

군 화

낱말 익히기

○ 글자의 짜임을 알아보고, 큰 소리로 읽으며 바르게 써 보세요.

 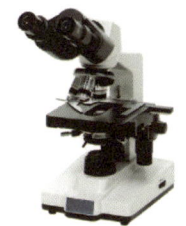 

좌	석
좌	석

과	학
과	학

화	분
화	분

글자의 짜임 알기

ㅙ 겹 홀소리 익히기

● 글자의 짜임을 알아보고, 큰 소리로 읽으며 바르게 써 보세요.

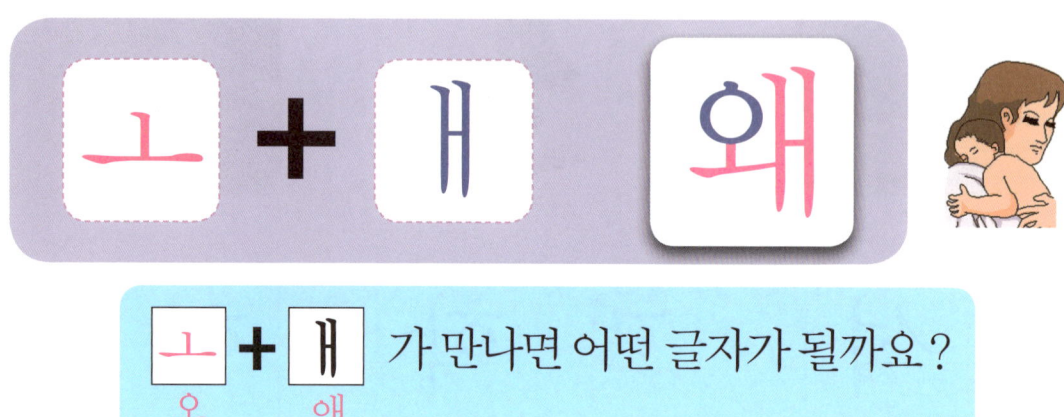

ㅗ + ㅐ 가 만나면 어떤 글자가 될까요?
오   애

왜	왜	왜	왜	왜	왜
왜	왜	왜	왜	왜	왜

돼 지

점 괘

글자의 짜임 알기

ㅚ 겹 홀소리 익히기

○ 글자의 짜임을 알아보고, 큰 소리로 읽으며 바르게 써 보세요.

ㅗ + ㅣ 가 만나면 어떤 글자가 될까요?
오   이

외	외	외	외	외	외
외	외	외	외	외	외

자	물	쇠

쇠	고	기

낱말 익히기

● 글자의 짜임을 알아보고, 낱말을 큰 소리로 읽으며 바르게 써 보세요.

괴	물
괴	물

최	고
최	고

교	회
교	회

📖 글자의 짜임 알기

ㅟ 겹 홀소리 익히기

○ 글자의 짜임을 알아보고, 큰 소리로 읽으며 바르게 써 보세요.

ㅜ + ㅣ 가 만나면 어떤 글자가 될까요?
우   이

위	위	위	위	위	위
위	위	위	위	위	위

휘 파 람

다 람 쥐

낱말 익히기

● 글자의 짜임을 알아보고, 낱말을 큰 소리로 읽으며 바르게 써 보세요.

당 나 귀
당 나 귀

사 마 귀
사 마 귀

주 사 위
주 사 위

기 저 귀
기 저 귀

낱말 익히기

○ 글자의 짜임을 알아보고, 큰 소리로 읽으며 바르게 써 보세요.

마	귀
마	귀

거	위
거	위

나	귀
나	귀

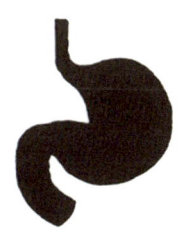  

위	장
위	장

가	위
가	위

바	퀴
바	퀴

글자의 짜임 알기

ㅝ 겹 홀소리 익히기

● 글자의 짜임을 알아보고, 큰 소리로 읽으며 바르게 써 보세요.

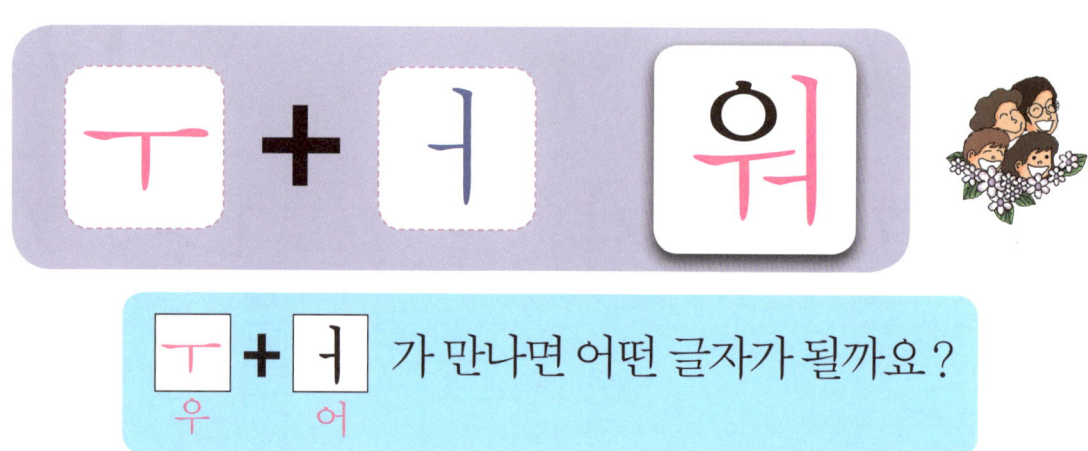

워	워	워	워	워	워
워	워	워	워	워	워

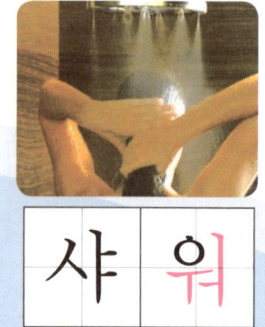

샤 워

고 마 워

낱말 익히기

○ 글자의 짜임을 알아보고, 큰 소리로 읽으며 바르게 써 보세요.

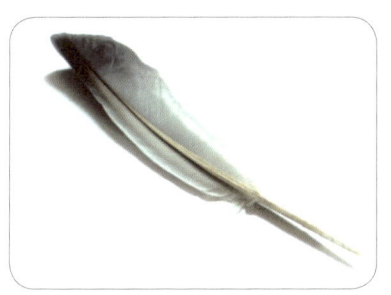

가벼워요

쉬워요

글자의 짜임 알기

ㅞ 겹 홀소리 익히기

● 글자의 짜임을 알아보고, 큰 소리로 읽으며 바르게 써 보세요.

ㅜ + ㅔ 가 만나면 어떤 글자가 될까요?
우   에

웨	웨	웨	웨	웨	웨
웨	웨	웨	웨	웨	웨

스 웨 터

(wedding)

웨 딩

낱말 익히기

● 글자의 짜임을 알아보고, 큰 소리로 읽으며 바르게 써 보세요.

(waiter)

(Wave)

웨이터
웨이터

웨이브
웨이브

글자의 짜임 알기

ㅢ 겹 홀소리 익히기

● 글자의 짜임을 알아보고, 큰 소리로 읽으며 바르게 써 보세요.

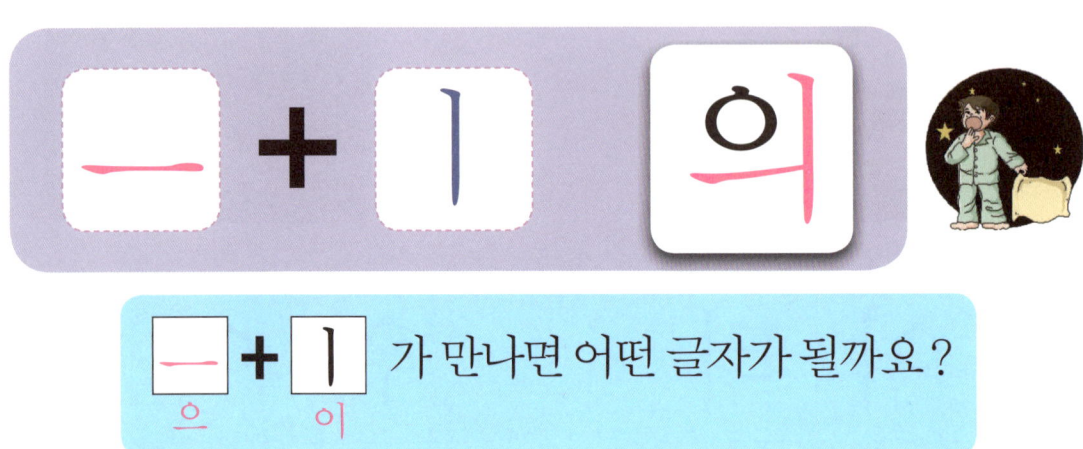

ㅡ + ㅣ 가 만나면 어떤 글자가 될까요?
 으   이

의	의	의	의	의	의
의	의	의	의	의	의

의 사

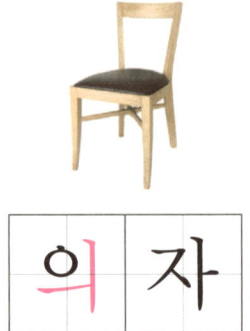

의 자

낱말 익히기

○ 글자의 짜임을 알아보고, 큰 소리로 읽으며 바르게 써 보세요.

무	늬
무	늬

의	원
의	원

의	회
의	회

주제별 낱말 익히기

소리를 나타내는 낱말

● 글자의 짜임을 알아보고, 큰 소리로 읽으며 바르게 써 보세요.

맴	맴	매미가 시끄럽게 운다.
맴	맴	매미가 시끄럽게 운다.

꿀	꿀	아기돼지가 울었다.
꿀	꿀	아기돼지가 울었다.

멍	멍	강아지가 짖어 댔다.
멍	멍	강아지가 짖어 댔다.

주제별 낱말 익히기

소리를 나타내는 낱말

○ 글자의 짜임을 알아보고, 큰 소리로 읽으며 바르게 써 보세요.

땡	땡	종을 친다.
땡	땡	종을 친다.

짹	짹	참새가 지저귄다.
짹	짹	참새가 지저귄다.

쨍	쨍	대장간에서 쇳 소리가 울린다.
쨍	쨍	대장간에서 쇳 소리가 울린다.

주제별 낱말 익히기

소리를 나타내는 낱말

● 글자의 짜임을 알아보고, 큰 소리로 읽으며 바르게 써 보세요.

고양이가 야옹야옹 울어요.

개구리가 개굴개굴 운다.

삐악삐악 하는 병아리 소리

가 들린다.

주제별 낱말 익히기

소리를 나타내는 낱말

○ 글자의 짜임을 알아보고, 큰 소리로 읽으며 바르게 써 보세요.

전화기가 따르릉 울린다.

종소리가 땡땡땡 들려왔다.

칙칙폭폭 소리를 내며 기차

놀이를 한다.

주제별 낱말 익히기

모양을 나타내는 낱말

● 글자의 짜임을 알아보고, 큰 소리로 읽으며 바르게 써 보세요.

축구공이 데굴데굴 굴러 왔다.

데	굴	데	굴
데	굴	데	굴

토끼가 깡충깡충 뛰어 나왔다.

깡	충	깡	충
깡	충	깡	충

거북이가 엉금엉금 기어가고 있다.

엉	금	엉	금
엉	금	엉	금

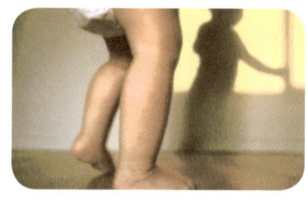

아기는 벌써 아장아장 걸음마를 시작했다.

아	장	아	장
아	장	아	장

주제별 낱말 익히기

모양을 나타내는 낱말

○ 글자의 짜임을 알아보고, 큰 소리로 읽으며 바르게 써 보세요.

높이 떴던 야구공이 데굴데굴

굴러갔다.

소녀가 깡충깡충 뛰었다.

아이가 방안에서 엉금엉금

기어 다닌다.

아장아장 거니는 오리 새끼.

주제별 낱말 익히기

모양을 나타내는 낱말

● 글자의 짜임을 알아보고, 큰 소리로 읽으며 바르게 써 보세요.

나뭇잎이 흔들흔들 춤을 춘다.

흔	들	흔	들
흔	들	흔	들

돼지가 토실토실 살이 오른다.

토	실	토	실
토	실	토	실

풍선이 둥실둥실하고 떠올라 간다.

둥	실	둥	실
둥	실	둥	실

별들이 반짝반짝 빛나고 있다.

반	짝	반	짝
반	짝	반	짝

주제별 낱말 익히기

모양을 나타내는 낱말

○ 글자의 짜임을 알아보고, 큰 소리로 읽으며 바르게 써 보세요.

흔들흔들 춤을 추었다.

종이배가 둥실둥실 떠가고 있다.

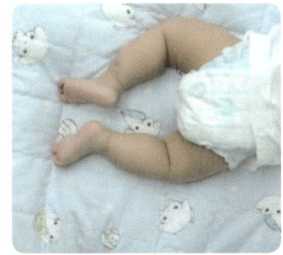

아기의 종아리가 토실토실하다.

반짝반짝 윤이 나는 구두를 신었다.

주제별 낱말 익히기

색깔을 나타내는 낱말

● 글자의 짜임을 알아보고, 큰 소리로 읽으며 바르게 써 보세요.

빨	갛	다

딸기는 빨갛다.

딸기는 빨갛다.

빨	갛	다

고추가 빨갛다.

고추가 빨갛다.

빨	갛	다

사과가 빨갛다.

사과가 빨갛다.

주제별 낱말 익히기

색깔을 나타내는 낱말

○ 글자의 짜임을 알아보고, 큰 소리로 읽으며 바르게 써 보세요.

노	랗	다

바나나는 노랗다.

바나나는 노랗다.

노	랗	다

병아리는 노랗다.

병아리는 노랗다.

노	랗	다

개나리 꽃이 노랗다.

개나리 꽃이 노랗다.

주제별 낱말 익히기

색깔을 나타내는 낱말

● 글자의 짜임을 알아보고, 큰 소리로 읽으며 바르게 써 보세요.

파	랗	다

하늘이 파랗다.

하늘이 파랗다.

파	랗	다

바다가 파랗다.

바다가 파랗다.

하	얗	다

구름이 하얗다.

구름이 하얗다.

주제별 낱말 익히기

색깔을 나타내는 낱말

○ 글자의 짜임을 알아보고, 큰 소리로 읽으며 바르게 써 보세요.

하	얗	다

눈 덮은 겨울 산이
하얗다.

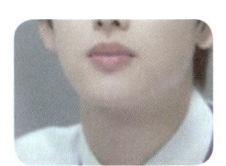

하	얗	다

피부가 박꽃처럼
하얗다.

주제별 낱말 익히기

색깔을 나타내는 낱말

● 글자의 짜임을 알아보고, 큰 소리로 읽으며 바르게 써 보세요.

까	맣	다

타이어가 까맣다.

타이어가 까맣다.

까	맣	다

방안이 온통 까맣다.

방안이 온통 까맣다.

까	맣	다

까마귀는 까맣다.

까마귀는 까맣다.

주제별 낱말 익히기

반대말을 나타내는 낱말

○ 글자의 짜임을 알아보고, 큰 소리로 읽으며 바르게 써 보세요.

크	다

작	다

언	니

오	빠

여	자

남	자

주제별 낱말 익히기

반대말을 나타내는 낱말

● 글자의 짜임을 알아보고, 큰 소리로 읽으며 바르게 써 보세요.

길	다

짧	다

높	다

낮	다

덥	다

춥	다

주제별 낱말 익히기 📚

반대말을 나타내는 낱말

● 글자의 짜임을 알아보고, 큰 소리로 읽으며 바르게 써 보세요.

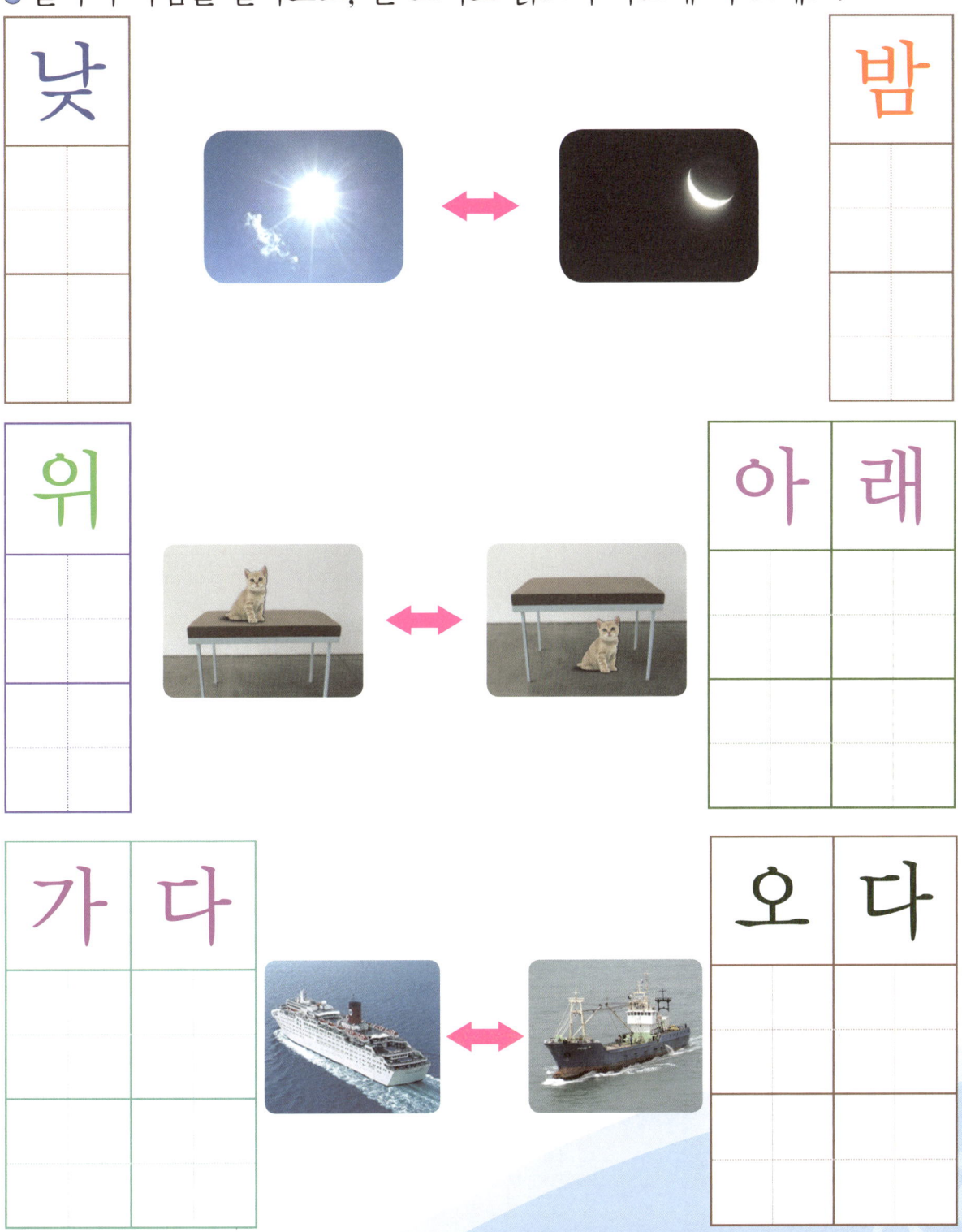

주제별 낱말 익히기

반대말을 나타내는 낱말

○ 글자의 짜임을 알아보고, 큰 소리로 읽으며 바르게 써 보세요.

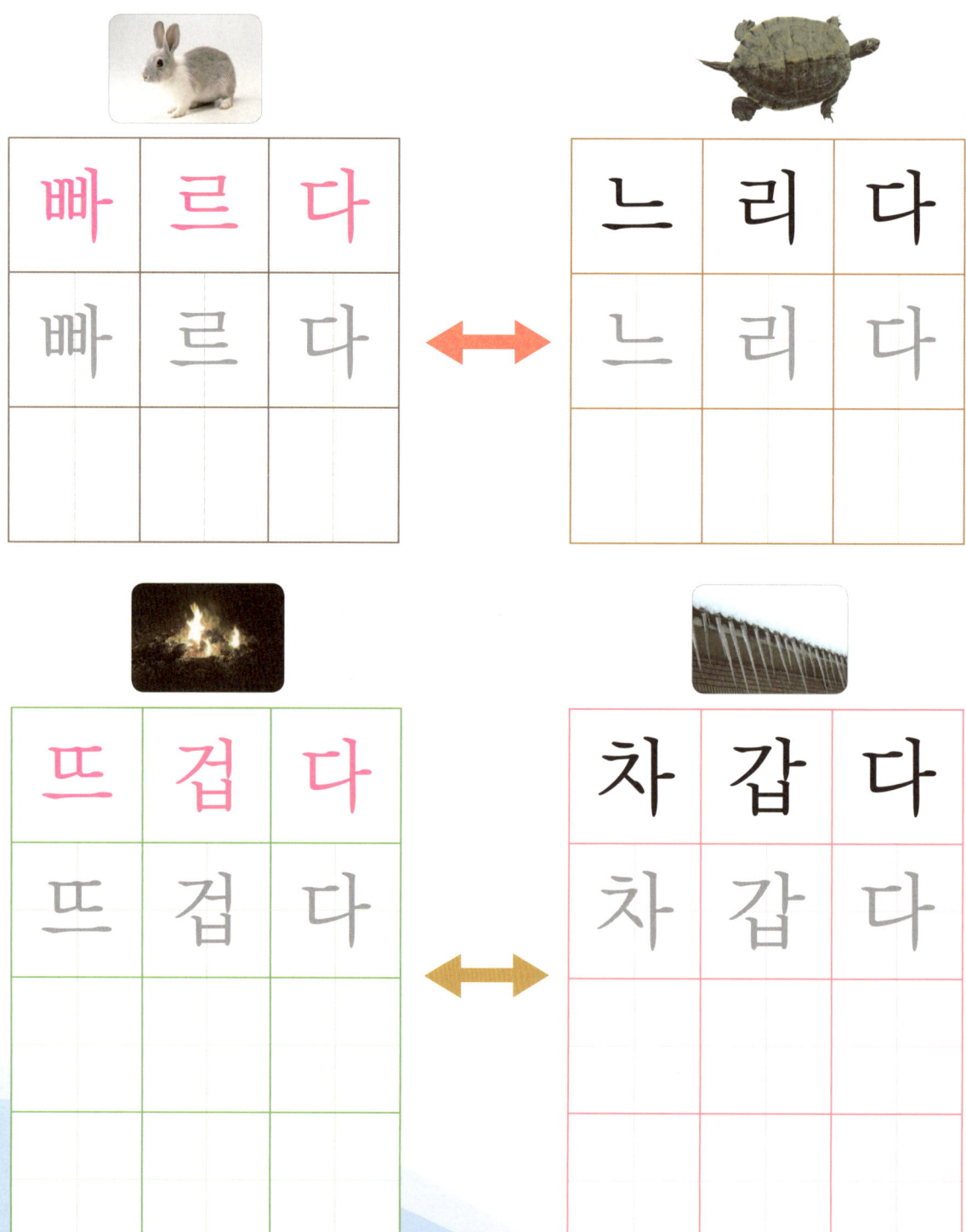

주제별 낱말 익히기

반대말을 나타내는 낱말

○ 글자의 짜임을 알아보고, 큰 소리로 읽으며 바르게 써 보세요.

가	볍	다
가	볍	다

무	겁	다
무	겁	다

벗	다
벗	다

입	다
입	다

주제별 낱말 익히기

반대말을 나타내는 낱말

● 글자의 짜임을 알아보고, 큰 소리로 읽으며 바르게 써 보세요.

올	라	오	다

내	려	오	다

달	다
달	다

쓰	다
쓰	다

주제별 낱말 익히기

타는 것을 나타내는 낱말

● 글자의 짜임을 알아보고, 큰 소리로 읽으며 바르게 써 보세요.

트	럭
트	럭

버	스
버	스

택	시
택	시

헬	리	콥	터
헬	리	콥	터

자	전	거
자	전	거

배
배

주제별 낱말 익히기

타는 것을 나타내는 낱말

● 글자의 짜임을 알아보고, 큰 소리로 읽으며 바르게 써 보세요.

비	행	기
비	행	기

오	토	바	이
오	토	바	이

모	노	레	일
모	노	레	일

배
배

지	하	철
지	하	철

주제별 낱말 익히기

타는 것을 나타내는 낱말

○ 글자의 짜임을 알아보고, 큰 소리로 읽으며 바르게 써 보세요.

승용차
승용차

그네
그네

마차
마차

퀵보드
퀵보드

카약
카약

기차
기차

주제별 낱말 익히기

타는 것을 나타내는 낱말

● 글자의 짜임을 알아보고, 큰 소리로 읽으며 바르게 써 보세요.

케	이	블	카
케	이	블	카

루	지
루	지

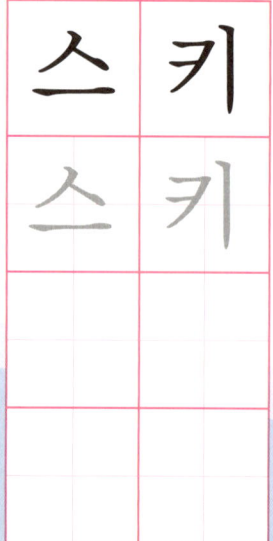

스	키
스	키

썰	매
썰	매

군	함
군	함

주제별 낱말 익히기

몸의 신체를 나타내는 낱말

○ (보기)에서 알맞은 말을 찾아 ( ) 안에 써 넣으세요.

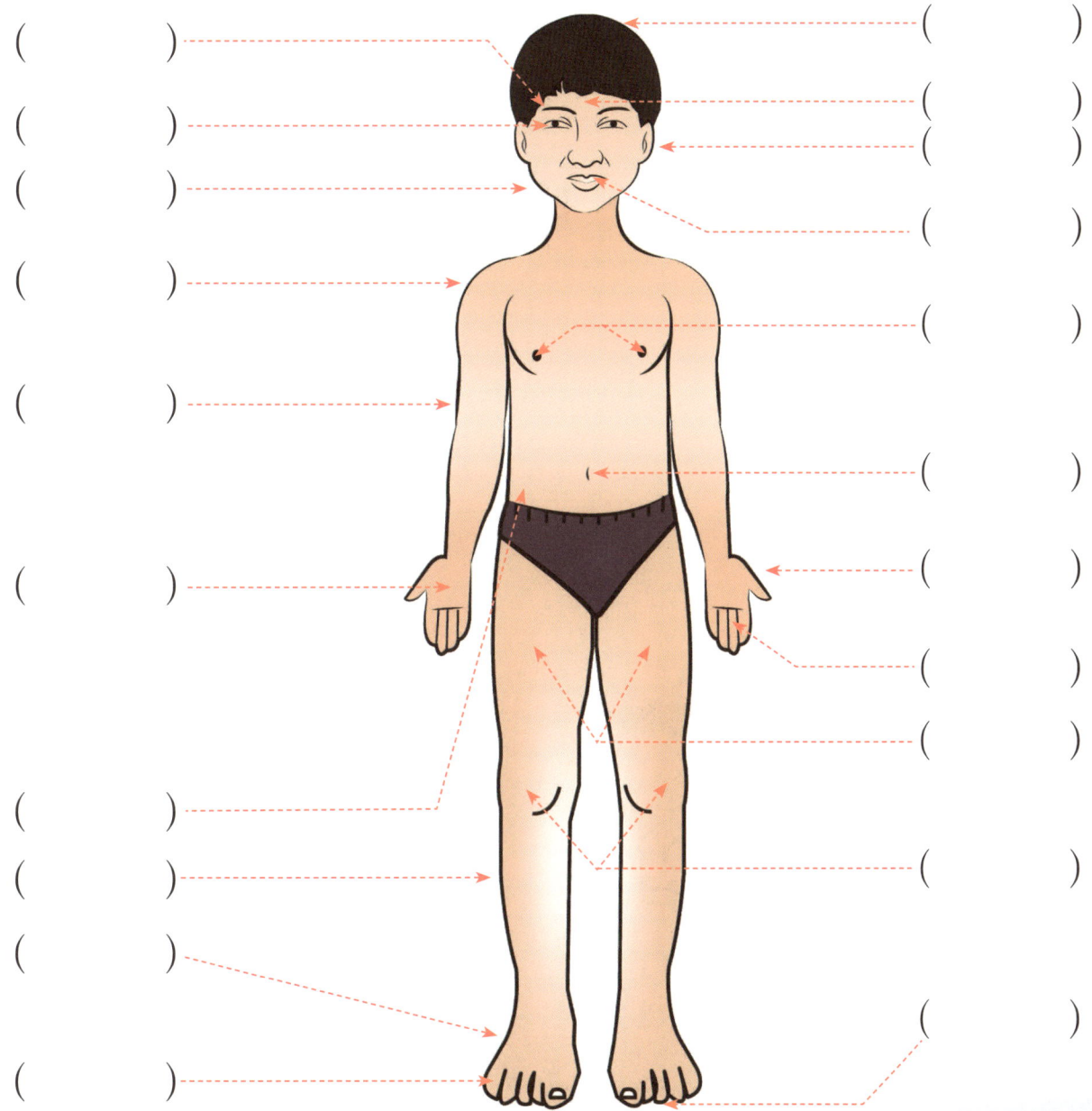

◉ 문제풀이 보기

눈 어깨 팔 손바닥 허리 얼굴 배꼽 다리 발 발가락 발바닥 무릎
눈썹 허벅지(대퇴부) 손가락 손 가슴 입 코 귀 이마 머리

주제별 낱말 익히기

몸의 신체를 나타내는 낱말

● 글자의 짜임을 알아보고, 큰 소리로 읽으며 바르게 써 보세요.

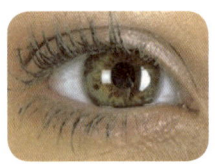
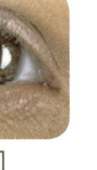
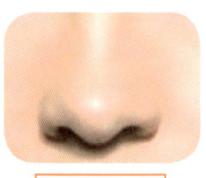

눈 코 배꼽 가슴

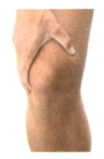
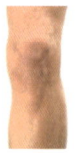
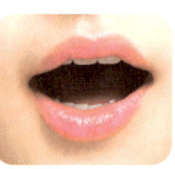
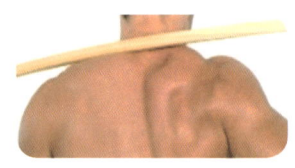

무릎 입 귀 어깨

주제별 낱말 익히기

몸의 신체를 나타내는 낱말

● 글자의 짜임을 알아보고, 큰 소리로 읽으며 바르게 써 보세요.

머	리
머	리

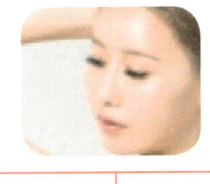
얼	굴
얼	굴

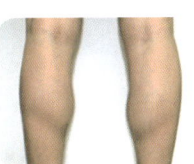
종	아	리
종	아	리

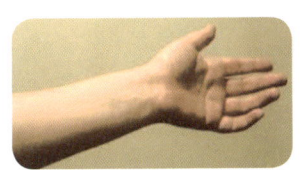

팔
팔

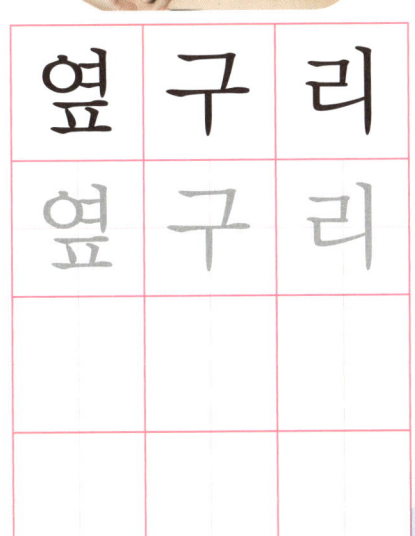

옆	구	리
옆	구	리

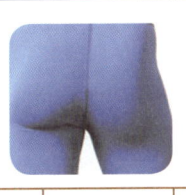
엉	덩	이
엉	덩	이

주제별 낱말 익히기

몸의 신체를 나타내는 낱말

● 글자의 짜임을 알아보고, 큰 소리로 읽으며 바르게 써 보세요.

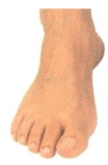  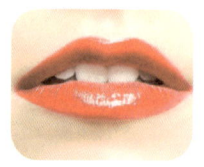

발
발

손	바	닥
손	바	닥

입	술
입	술

 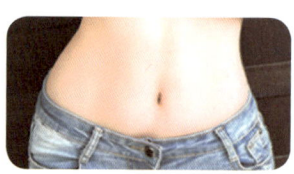 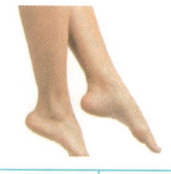

이	마
이	마

허	리
허	리

다	리
다	리

주제별 낱말 익히기
몸의 신체를 나타내는 낱말

● 글자의 짜임을 알아보고, 큰 소리로 읽으며 바르게 써 보세요.

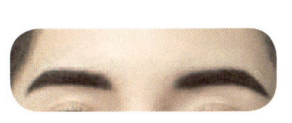

눈	썹
눈	썹

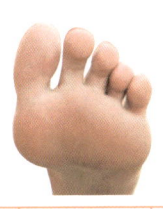

발	가	락
발	가	락

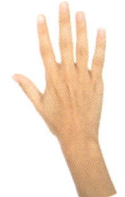

손
손

손	가	락
손	가	락

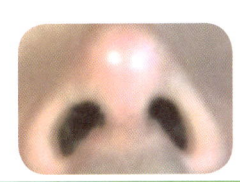

콧	구	멍
콧	구	멍

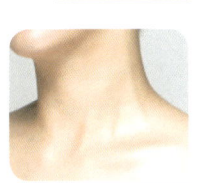

목
목

주제별 낱말 익히기

몸의 신체를 나타내는 낱말

○ 글자의 짜임을 알아보고, 큰 소리로 읽으며 바르게 써 보세요.

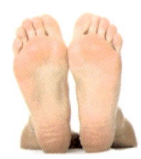 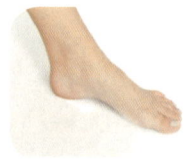 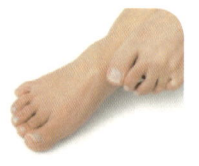

발	바	닥
발	바	닥

발	목
발	목

발	등
발	등

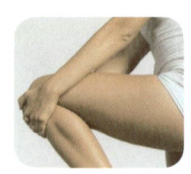 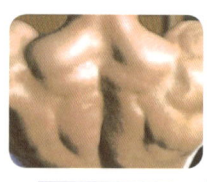 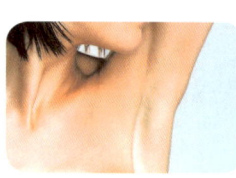

허	벅	지
허	벅	지

등
등

겨	드	랑	이
겨	드	랑	이

주제별 낱말 익히기

○ 우리몸의 구성에서 각 부분의 역할이 알맞은 것끼리 선으로 잇고 □ 안에 명칭을 써서 보세요.

| 보기 | 귀 | 입 | 손 | 다리 | 코 | 눈 |

먹는다 — 입

맡는다 — 코

던진다 — 손

듣는다 — 귀

본다 — 눈

걷는다 — 다리

주제별 낱말 익히기

도구를 나타내는 낱말

● 글자의 짜임을 알아보고, 큰 소리로 읽으며 바르게 써 보세요.

냄비
냄비

프라이팬
프라이팬

주걱
주걱

국자
국자

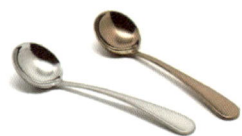
숟가락
숟가락

접시
접시

주제별 낱말 익히기

도구를 나타내는 낱말

○ 글자의 짜임을 알아보고, 큰 소리로 읽으며 바르게 써 보세요.

손	톱	깎	이
손	톱	깎	이

빗	자	루
빗	자	루

젓	가	락
젓	가	락

쓰	레	받	기
쓰	레	받	기

주제별 낱말 익히기

도구를 나타내는 낱말

● 글자의 짜임을 알아보고, 큰 소리로 읽으며 바르게 써 보세요.

옷걸이
옷걸이

열쇠
열쇠

우산
우산

망치
망치

도마
도마

전기톱
전기톱

주제별 낱말 익히기

도구를 나타내는 낱말

○ 글자의 짜임을 알아보고, 큰 소리로 읽으며 바르게 써 보세요.

  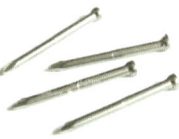 

| 주 | 전 | 자 | 칼 | 못 | 그 | 릇 |
| 주 | 전 | 자 | 칼 | 못 | 그 | 릇 |

| 컵 | 쟁 | 반 | 드 | 라 | 이 | 버 |
| 컵 | 쟁 | 반 | 드 | 라 | 이 | 버 |

주제별 낱말 익히기

운동을 나타내는 낱말

● 글자의 짜임을 알아보고, 큰 소리로 읽으며 바르게 써 보세요.

검	도
검	도

골	프
골	프

권	투
권	투

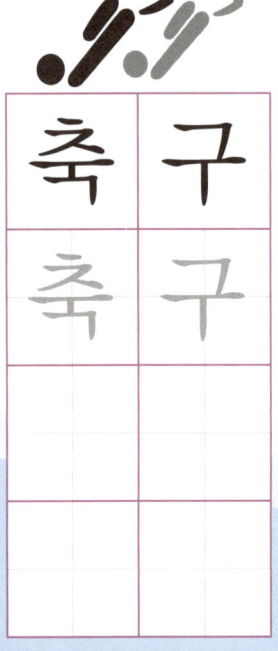

축	구
축	구

농	구
농	구

스	키
스	키

주제별 낱말 익히기

운동을 나타내는 낱말

● 글자의 짜임을 알아보고, 큰 소리로 읽으며 바르게 써 보세요.

사	격
사	격

씨	름
씨	름

육	상
육	상

수	영
수	영

탁	구
탁	구

야	구
야	구

주제별 낱말 익히기

운동을 나타내는 낱말

● 글자의 짜임을 알아보고, 큰 소리로 읽으며 바르게 써 보세요.

승마
승마

역도
역도

펜싱
펜싱

배구
배구

당구
당구

컬링
컬링

주제별 낱말 익히기

직업을 나타내는 낱말

○ 글자의 짜임을 알아보고, 큰 소리로 읽으며 바르게 써 보세요.

미	용	사
미	용	사

군	인
군	인

의	사
의	사

승	무	원
승	무	원

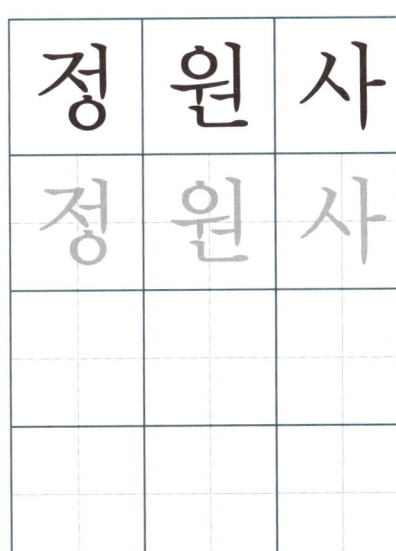

정	원	사
정	원	사

농	부
농	부

주제별 낱말 익히기

직업을 나타내는 낱말

○ 글자의 짜임을 알아보고, 큰 소리로 읽으며 바르게 써 보세요.

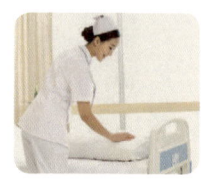

간	호	사
간	호	사

어	부
어	부

광	부
광	부

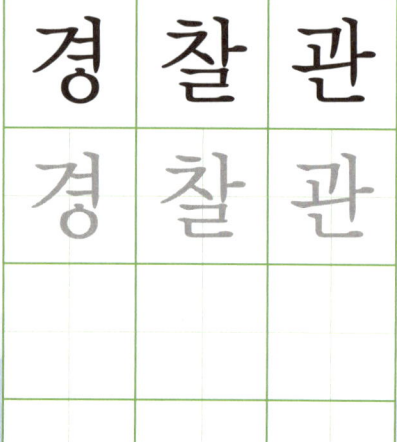

경	찰	관
경	찰	관

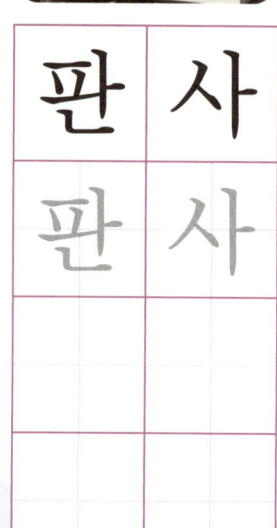

판	사
판	사

약	사
약	사

주제별 낱말 익히기

직업을 나타내는 낱말

● 글자의 짜임을 알아보고, 큰 소리로 읽으며 바르게 써 보세요.

 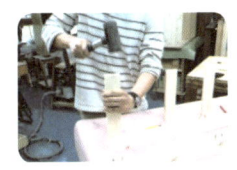 

요	리	사
요	리	사

목	수
목	수

조	종	사
조	종	사

소	방	관
소	방	관

교	사
교	사

회	계	사
회	계	사

주제별 낱말 익히기

높임말을 나타내는 낱말

● 글자의 짜임을 알아보고, 큰 소리로 읽으며 바르게 써 보세요.

주제별 낱말 익히기 📚

높임말을 나타내는 낱말

● 글자의 짜임을 알아보고, 큰 소리로 읽으며 바르게 써 보세요.

있다 • 계시다

할아버지, 잘 계시지요?

| 잘 계시지요? |
| 잘 계시지요? |
| |
| |

아프다 • 편찮으시다

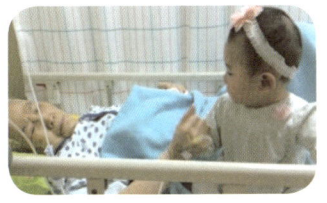

할머니, 많이 편찮으세요?

| 많이 편찮으세요? |
| 많이 편찮으세요? |
| |
| |

가다 • 가시다

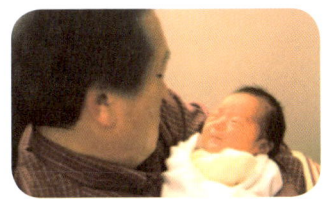

아버지께서 아기를 안고 방에 들어 가십니다.

| 들어 가십니다. |
| 들어 가십니다. |
| |
| |

주제별 낱말 익히기

높임말을 나타내는 낱말

○ 글자의 짜임을 알아보고, 큰 소리로 읽으며 바르게 써 보세요.

묻다 • 여쭈어 보다

선생님 여쭈어 볼 것이 있어요.

여쭈어 볼 것이 있어요?

여쭈어 볼 것이 있어요?

자다 • 주무시다

어머니 안녕히 주무세요.

안녕히 주무세요?

안녕히 주무세요?

데리고 • 모시고

시골에 계신 할머니를 모시고 왔습니다.

모시고 왔어요.

모시고 왔어요.

주제별 낱말 익히기

높임말을 나타내는 낱말

○ 글자의 짜임을 알아보고, 큰 소리로 읽으며 바르게 써 보세요.

밥 • 진지

할아버지 맛있게 진지 드세요.

진지 드세요.
진지 드세요.

읽다 • 읽으셨다

선생님께서 책을 읽으셨다.

책을 읽으셨다.
책을 읽으셨다.

싸다 • 싸주었다

어머니께서 도시락을 싸주셨다.

도시락을 싸주셨다.
도시락을 싸주셨다.

합성어 익히기

○ 글자의 짜임을 알아보고, 큰 소리로 읽으며 바르게 써 보세요.

국 + 밥

국	밥
국	밥

손목 + 시계

손	목	시	계
손	목	시	계

밤 + 낮

밤	낮
밤	낮

합성어 익히기

● 글자의 짜임을 알아보고, 큰 소리로 읽으며 바르게 써 보세요.

솜 + 사탕

솜	사	탕
솜	사	탕

눈 + 사람

눈	사	람
눈	사	람

얼룩 + 말

얼	룩	말
얼	룩	말

방향 익히기

● 글자의 짜임을 알아보고, 큰 소리로 읽으며 바르게 써 보세요.

방향을 굽히지 않고 똑바로 나감.

직 진

직 진

뒤쪽으로 나아감.

후 진

후 진

왼쪽으로 돌다.

좌 회 전

좌 회 전

오른쪽으로 돌다.

우 회 전

우 회 전

방향 익히기

○ 글자의 짜임을 알아보고, 큰 소리로 읽으며 바르게 써 보세요.

토끼가 책상 위에 있습니다.

위	쪽
위	쪽

토끼가 책상 아래에 있습니다.

아	래	쪽
아	래	쪽

토끼가 책상 왼쪽에 있습니다.

왼	쪽
왼	쪽

토끼가 책상 오른쪽에 있습니다.

오	른	쪽
오	른	쪽

문제풀이

○ 다음 그림을 보고, 아래에서 낱말을 찾아 알맞은 문장을 만들어 보세요.

토끼가 _____
뛰어 갑니다.

병아리가 _____
노래 불러요.

새가 _____
날아갑니다.

개구리가 _____
뜁니다.

◉ 문제풀이 보기

삐악삐악   깡충깡충   훌쩍   훨훨

문제풀이

○ 다음 그림을 보고, 아래에서 낱말을 찾아 알맞은 문장을 만들어 보세요.

아기가 _____
웃고 있어요.

거북이가 _____
기어갑니다.

나비가 _____
춤을 춥니다.

사과가 _____
달렸습니다.

◉ 문제풀이 보기

엉금엉금　방글방글　나풀나풀　주렁주렁

문제풀이

○ 다음 그림을 보고, 아래에서 낱말을 찾아 알맞은 문장을 만들어 보세요.

코끼가 _____
걸어갑니다.

나뭇잎이 _____
떠내려 갑니다.

오빠 옷은 너무
_____

책을 실수로
_____

◉ 문제풀이 보기

둥실둥실   낡았습니다   밟았습니다   느릿느릿

문제풀이

○ 다음 그림을 보고, 아래에서 낱말을 찾아 알맞은 문장을 만들어 보세요.

강아지가 손등을 _____

그림책은 두께가 _____

새싹이 _____ 돋아난 보리

찌개가 냄비에서 _____ 끓고 있습니다.

◉ 문제풀이 보기

핥습니다   파릇파릇   얇습니다   보글보글

문제풀이

● 다음 그림을 보고, 아래에서 낱말을 찾아 알맞은 문장을 만들어 보세요.

 나무가 _____
자랍니다.

 하얀눈이 _____
내립니다.

 토끼는 빠르고 거북이는
_____

 사자는 힘이 세고
강아지는 _____

◉ 문제풀이 보기

무럭무럭   느리다   약하다   펄펄

문제풀이

○ 다음 그림을 보고, 아래에서 낱말을 찾아 알맞은 문장을 만들어 보세요.

 풍선은 가볍고 바위는 _____

 고양이는 작고 하마는 _____

 불은 뜨겁고, 아이스크림은 _____

 나무를 _____

◉ 문제풀이 보기

무겁다 심자 크다 차갑다

문제풀이

○ 다음 그림을 보고, 아래에서 낱말을 찾아 알맞은 문장을 만들어 보세요.

 축구공이 _____
굴러갑니다.

 전화가 _____
울립니다.

 시냇물이 _____
흘러갑니다.

 종이 _____
울립니다.

⊙ 문제풀이 보기

졸졸   따르릉   데굴데굴   땡땡